ERNST LECHTHALER

55 WELTBERÜHMTE COCKTAILS + DRINKS

FOTOGRAFIERT VON ANSGAR PUDENZ

HÄDECKE

Nur die Dosis macht das Gift. Alkohol soll man in Maßen trinken, bzw. genießen. Wann und wo immer man ihn trinkt, man sollte nie sich oder andere in Gefahr bringen.

DIFA* Forum e.V.

*DIFA = Deutsche Initiative zur Förderung eines verantwortungsvollen Umgangs mit alkoholischen Genußmitteln.

2. Auflage

ISBN 3-7750-0276-6

Gestaltung und Fotografie: Ansgar Pudenz, Hamburg
Food-Styling: Christoph Hoefs, Hamburg

Satz und Repro: M & R Reprotechnik GmbH, Trier
Druck: Proost, B-2300 Turnhout

Printed in Belgium 1999.

In der Welt der Bar gibt es einerseits die echten „Klassiker“, also klassische Cocktails wie Martini, Manhattan, Daiquiri, Alexander, Whisky Sour u. a. als *short drinks* oder Gin Fizz, Tom Collins, Mint Julep, Singapore Sling u. a. als *Longdrinks.* Andererseits gibt es die sogenannten *exotischen Drinks* aus fernen Ländern wie Kuba, Mexiko, Brasilien oder aus der Karibik, die gerade in den letzten Jahren bei uns stark in Mode gekommen sind.

Sie alle zählen zur internationalen Familie der Mixgetränke und haben je nach Geschmack und Zeit ihre Fans.

Aus dieser Fülle von Möglichkeiten habe ich die nach meiner Ansicht beliebtesten und bekömmlichsten 55 Cocktails und Drinks ausgewählt. Es sind die Originalrezepte, die ich von Fall zu Fall mit empfehlenswerten Varianten und Tips ergänzt habe. Für jeden Geschmack und jede Stimmungsphase ist etwas dabei.

Viel Spaß beim Nachmixen!

Ihr 

Ernst Lechthaler / Lechthaler Bar, München

Barkunde

BARUTENSILIEN:

Barlöffel (bar spoon): Langstieliger Löffel, nimmt mindestens den Inhalt eines Tee- oder Kaffeelöffels auf (0,5 cl) und dient zum Verrühren der Cocktailzutaten im Glas oder im Rührglas (mit Eiswürfeln). Am Ende des Barlöffels ist ein kleiner Stößel angebracht, zum Zerdrücken des Würfelzuckers, z. B. beim „Old Fashioned“, beim „Bourbon Mint Julep“ oder zum Zerdrücken der Minze beim „Mojito“.

Barschaufel (klein und groß): Für Eiswürfel und crushed ice (die kleine Schaufel ist mit Löchern versehen, damit das Tauwasser vom Eis abrinnen kann).

Barsieb (strainer, klein und groß): Besteht aus einer gelochten Platte mit spiralfederartigem Rand. Das kleine Sieb paßt genau in einen zweiteiligen Shaker (oder Rührglas) und dient dazu, beim Abseihen der geschüttelten oder gerührten Cocktails das Eis und andere Zutaten wie z. B. Kerne zurückzuhalten. Das große Sieb paßt auf den Mixer (oder Blender).

Barutensilien und Bargeräte, von links nach rechts
Seite 6: Classic Soda Siphon (iSi), Shaker (zweiteilig, Chrom), Citruspresse (zweiteilig „Tutto Limone“), Messer („Grand Gourmet“), Eiseimer mit Eiszange, Barmesser,

Bitterflasche/Spritzflasche (Dashbottle): Kleine Glas- oder Kristallflasche mit Spritzkorkenverschluß. Enthält jene Zutaten, die nur dashweise verwendet werden. Ein dash sind drei bis vier Tropfen; die Menge, welche mit einem Kippschwung durch den Spritzkorken der Dashbottle schießt.
Notfalls kann man selbst auf kleine Flaschen einen solchen Spritzkorken aufsetzen. Sie werden mit Angostura Bitter, Orange-Bitter, Vermouth Extra Dry usw. gefüllt.

Champagnerverschluß: Zum luftdichten Verschließen von Champagnerflaschen.

Champagnerzange: Zum Öffnen von Champagnerflaschen, wenn der Korken schwer zu lösen ist.

Cocktailstäbchen (Sticks): Zum Aufspießen von Oliven, Maraschinokirschen oder sonstigen Früchten zur Dekoration am oder im Glas.

Eiskübel/Eisbehälter: Zum Aufbewahren und Kühlhalten von Eiswürfeln und crushed ice.

Eiszange: Zum Einfüllen von einzelnen Eiswürfeln in Gläser oder in den Shaker.

Flaschenöffner, Cocktailquirl, Barsieb (WMF Bar-Set), Barmaß (2 cl/4 cl), Sektkühler. *Seite 7:* Elektrogeräte (Braun) – Küchenmaschine mit Mixaufsatz, Pürierstab, Citruspresse.

Früchtezange: Für Obst, Fruchtscheiben, Maraschinokirschen usw. zum Dekorieren.

Limonadenlöffel: Zum Verrühren der Drinks im Glas. Solche Löffel werden auch zu heißen langen Getränken und zu Drinks mitserviert, bei denen man etwas mitessen kann (z. B. Eiskaffee, Milkshake usw.).

Plastikstirrer/Plastikquirl: Es gibt lange oder kurze. Sie werden hauptsächlich zu Highballs wie Gin Tonic, Scotch Soda, Wodka Bitter Lemon, Bacardi Cola usw. im Glas mitserviert und dienen dazu, daß der Gast, wenn er seine eigene Mischung zubereitet, den Drink auch verrühren kann. Denn jeder Gast hat sein eigenes Mischungsverhältnis mit der Spirituose (z. B. Whisky) zum Softdrink (z. B. Ginger Ale).
Diese Plastikrührer werden auch zu Campari Orange, Wodka Grapefruit, Screwdriver usw. gereicht. (Einfach in den Drink geben). Oft werden die Stirrer mit dem hauseigenen Logo oder mit dem Namen der jeweiligen Bar bedruckt.

Meßbecher (Barmaß): Für 2 cl und 4 cl. Zum genauen Abmessen der Spirituosen und Säfte für einen Cocktail.

Messer (groß und klein): Kleines Schneidemesser bzw. Barmesser, z. B. zum Schneiden von Zitronen- und Orangenscheiben und Zesten. Das große Messer (Obstmesser) dient zum Schneiden von frischen Ananas, Grapefruits usw.

Schneidebrett: Dient als Unterlage zum Schneiden von Obst und Dekoration. Das Schneidebrett sollte nicht zu klein und mit einer Saftrille versehen sein.

Siphonflasche: Zum Auffüllen von Drinks mit Soda. Der Druck wird durch eine Gaspatrone erzeugt.

Stroh-/Trinkhalm: Drinks mit Eiswürfeln oder crushed ice servieren Sie mit dicken, nicht knickbaren Trinkhalmen – die dünnen verstopfen zu leicht. Mit einer Schere können Sie die Halme auf die gewünschte Länge kürzen. Im Profi-Bereich werden keine knickbaren Trinkhalme verwendet. Drinks ohne Eis sollten auf keinen Fall mit Halm getrunken werden.

Muskatreibe: Dient zum Reiben von Muskatnüssen. Hierbei gilt „weniger ist mehr“.

Rührglas/Barglas (mixing glass): Cocktails, die nicht geschüttelt, aber gerührt sind, werden in einem dickwandigen, stabilen Mixglas (meist von Martini) mit dem langstieligen Barlöffel auf Eiswürfeln verrührt und anschließend durch ein Barsieb abgeseiht.
Maximal vier Cocktails (short drinks) können auf einmal verrührt werden. Ein Rührglas faßt ca. 1 Liter.

Champagner-Früchte Rührglas: Spezielles größeres Rührglas. Wenn die frischen Früchte bereits zu Mus püriert sind (z. B. Erdbeermus, Kiwimus, Pfirsichmus), ist dieses Rührglas ideal für die Zubereitung von Früchte-Champagnerdrinks:
Zu den Zutaten 1 Schuß Champagner oder Prosecco zugießen,
mit Eiswürfeln verrühren,
in das vorgekühlte Glas abseihen
und mit Champagner oder Prosecco auffüllen
(Vorteil: es schäumt beim Auffüllen nicht mehr).

Shaker: In ihm werden alle Zutaten wie Fruchtsäfte, Sirupe, Sahne, Milch und Spirituosen mit Eiswürfeln geschüttelt. Es gibt im Handel zwei- und dreiteilige Shaker (aus Chrom).
Empfehlenswert im Profi-Bereich ist auf alle Fälle ein zweiteiliger Shaker, z. B. der Boston Shaker aus einem Edelstahl-Unterteil und einem Glasoberteil. Ich bevorzuge einen massiven und versilberten zweiteiligen Shaker. Die Zutaten zum Schütteln immer in den oberen Teil des Shakers (kleinere Füllmenge) geben, den Shaker gut schließen, schütteln (shaken) und dann den Inhalt aus dem unteren Teil des Shakers (größere Füllmenge) mit einem Barsieb abseihen.

BARGERÄTE:

Blender: Um spezielle Drinks zu mixen. Auch für Margarita und exotische Drinks mit frischen Säften. Die Drinks im Blender werden mit crushed ice mittels eines Rührstabes durchgemixt.

Mixer: Zum Mixen von Drinks mit frischen Früchten, mit Eigelb und zur Zubereitung von Frozen Drinks mit crushed ice. Dieses Gerät mit eingebauten Messern hilft, daß die frischen Früchte vollständig püriert werden und eine homogene Flüssigkeit bilden.

Zitruspresse: Für Orangen- (keine Blutorangen), Zitronen- und Limettensaft. Es gibt im Handel mechanische und elektrische Geräte.

Ice crusher/crushed ice Maschine: Es gibt im Handel sowohl mechanische als auch elektrische crushed ice Maschinen zu kaufen, wobei ich auf jeden Fall die elektrische vorziehe. Mit diesen Geräten bekommt man ein zermahlenes, gleichmäßig feinkörniges Eis, das man ideal zum Mixen im Blender und Mixer verwenden kann. Hauptsächlich benützt man crushed ice zum Servieren und Kühlen bestimmter Longdrinks, Tropical Drinks und anderer Mixgetränke.

Achten Sie beim Einkauf aller Bargeräte auf eine gute Qualität. Sie macht sich auf Dauer bezahlt.

Zutaten und Dekorationen

Fruchtsirup: Verwenden Sie nur reine Fruchtsirupe.

Zuckersirup: Gibt es als Fertigprodukt zu kaufen. Sie können ihn aber auch selbst herstellen. Dafür 1 kg Zucker in 1 l kochendes Wasser geben. So lange umrühren, bis der Sirup klar ist. Den erkalteten Sirup in Flaschen oder Karaffen füllen.

Säfte: Bei den verwendeten Grundsäften handelt es sich ausschließlich um frisch gepreßte Säfte wie z. B. Zitronen, Limetten, Orangen (keine Blutorangen).

Früchte: Grundsätzlich sollten Sie die Drinks nur mit frischem Obst oder Gemüse zubereiten.
Dazu einige Tips:
- Nur reife Früchte verwenden, da ihr Aroma auf den Geschmack des Drinks starken Einfluß hat. Die Süße können Sie individuell variieren – einfach etwas mehr oder weniger Zucker oder Sirup verwenden als im Rezept angegeben.
- Nur ungespritzte Früchte verwenden.
- Die Früchte vor der Zubereitung gut waschen.

Fruchtdekorationen: Nur mit frischen Früchten dekorieren (zum Mitessen). Nicht zu üppig dekorieren – ein Drink ist kein Obstsalat!
- Ganze oder halbe Fruchtscheiben, z. B. von Orange, Zitrone, Ananas, auf den Glasrand stecken.
- Maraschinokirschen, mit oder ohne Stiel, werden bei verschiedenen Drinks ins Glas gegeben.
- Geviertelte Fruchtscheiben gemischt auf Cocktailstäbchen stecken und in oder über das Glas legen.
- Eine Prise Muskatnuß über den fertigen Drink reiben.
- Etwas Schokoladenpulver über den fertigen Drink streuen.

Zesten (Twists): Zitrusfrüchte enthalten in ihren Schalen hocharomatische ätherische Öle, die zum Abspritzen der Cocktails von Bedeutung sind. Das geschieht durch Knicken und Ausdrücken kleiner Schalenstücke, der sogenannten Zesten oder Twists (meist von Zitronen und Orangen). Manche Drinks werden auch mit langen Schalenspiralen dekoriert.
- Schale mit einem scharfen Messer möglichst dünn abschälen, daß das Fruchtfleisch zurückbleibt.
- Je engporiger eine Schale, desto geeigneter ist sie.

– Nur ungespritzte, also nicht chemisch konservierte oder gewachste Früchte benützen, gründlich waschen oder gut abreiben.

Salz- oder Zuckerrand (für Margaritas und Crustas): Das Glas am oberen Rand rundherum mit einem Zitronenviertel gut anfeuchten und schnell, bevor der Saft abtropft oder antrocknet, gleichmäßig in eine mit Salz bzw. Zucker gefüllte, kleine Schüssel dippen (feinen Salzrand für Margaritas; breiten Zuckerrand für Crustas).

Eiswürfel: Eis ist nicht gleich Eis. Es kommt sehr darauf an, wie frisch und rein das Wasser war (unbedingt entchlortes Wasser verwenden!). Eiswürfel müssen klar und nicht trüb sein. In jedem Fall soll Bar-Eis sehr trocken und möglichst kalt sein. Optimale Temperatur: – 4° C. Ist das Eis wärmer, taut es schnell und verwässert den Drink. Ist es kälter, splittert es.

Crushed ice: Gestoßenes und gemahlenes Eis mit feiner Körnung. Läßt sich mit einer elektrischen oder mechanischen Crushed-ice-Maschine herstellen oder aber, indem Sie einige Eiswürfel in die Mitte eines Geschirrtuches legen, das Tuch an den Enden fassen und die so eingewickelten Eiswürfel mit einer leeren, dickwandigen Flasche oder der flachen Seite eines Fleischklopfers zerkleinern. Das crushed ice mit einer Barschaufel in den Eisbehälter füllen.

Mixen der Drinks

Gläser vorkühlen:

- Für einige Zeit ins Tiefkühlfach stellen, bis sie mit einem Eisfilm überzogen sind.
- Mit Eiswürfeln oder crushed ice füllen, bis sie vor Kälte angelaufen sind; (dann Eis wegschütten).

Drinks zubereiten:

- Im Glas direkt mit Eiswürfeln zubereiten (verrührt): Im Glas mit einem Barlöffel auf Eiswürfeln verrühren.
- Im Rührglas mit Eiswürfeln gerührt: Das Rührglas zu 2/3 mit Eiswürfeln füllen, kurz und kräftig umrühren, damit der Drink nicht verwässert.
- Im Shaker mit Eiswürfeln geschüttelt: Den Shaker zu 2/3 mit Eiswürfeln füllen, kurz und kräftig schütteln, damit der Drink nicht verwässert.
- Im Mixer durchgemixt: Bei Drinks mit frisch pürierten Früchten oder Eigelb, sowie bei Frozen Drinks mit 1-2 Eiswürfeln oder crushed ice. Den Mixer jeweils so lange laufen lassen, bis die Frucht püriert bzw. das Eigelb vollständig zerkleinert ist und das Ganze eine homogene Flüssigkeit bildet.
- Im Blender gemixt: Mit crushed ice für besonders schaumige und für exotische Drinks.

Mixen von Früchtedrinks mit Champagner:

- Beim Pürieren der Früchte im Mixer einen kleinen Schuß Champagner zugeben (ca. 2 cl) – so bildet sich eine homogene Flüssigkeit und das Fruchtmark setzt sich hinterher beim Auffüllen nicht ab.
- Der Champagner zum Auffüllen muß gut gekühlt sein.
- Vor dem Servieren nochmals kurz und vorsichtig umrühren.

Drinks kalt servieren.

Drinks müssen unbedingt kalt serviert werden. Nichts ist schlimmer als ein lauwarmer Drink. Servieren Sie deshalb:

- mit Eiswürfeln
- mit crushed ice
- im vorgekühlten Glas ohne Eis.

Drinks sofort genießen:

Die Drinks sollten nach der Zubereitung sofort genossen werden, solange sie noch kühl und frisch sind.

„Genieße den Drink, solange er Dich noch anlächelt".

Gläser

Gläser gibt es in unendlich vielen Größen und Formen. Hier finden Sie die wichtigsten Gläser für die Drinks und Cocktails in diesem Buch.

Standard Cocktailgläser:

Gläser mit Stiel:
1 Martini-Cocktailglas
2 Cocktailglas-Universo
3 Cocktailschale
4 Sour-Glas
5 Champagner-Cocktailglas
6 Fizz-Glas
7 Frozen-Glas
8 Tropical-Glas

Gläser ohne Stiel:
9 kleiner Tumbler
10 großer Tumbler
11 Highball-Glas
12 Longdrink-Glas
13 kleiner Becher
14 großer Becher

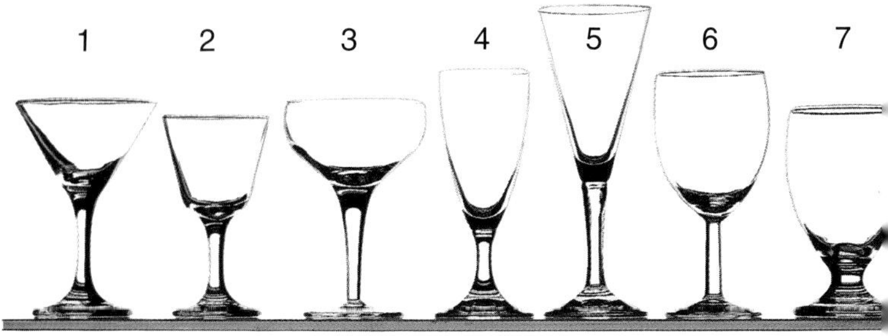

Gläser

Neben den unten abgebildeten Standardgläsern gibt es noch die folgenden

Spezial-Cocktailgläser:

15 Cognac-Glas
16 Schnapsglas
17 Champagner-Früchteglas
18 Fancy Glas
19 Pimm's Glas
20 Grog-Glas (hitzebeständig)
21 Irish-Coffee-Glas
22 Prince-of-Wales-Becher aus Silber
23 Heißdrinkbecher aus Steingut (Hot Drinks)
24 Bowlengefäß (Schüsseln/Karaffen) mit Gläsern (Schalen)
25 Exotic Glas

8 9 10 11 12 13 14

Alexander

3 cl Sahne
3 cl Brandy
3 cl Crème de Cacao (braun)

Shaker mit Eiswürfeln.
In das vorgekühlte Glas abseihen.

Deko: 1 Hauch Muskatnuß über den Drink reiben.

Americano

3 cl Campari
3 cl Vermouth Martini Rosso
1 Schuß Sodawasser

Im Glas mit Eiswürfeln.
Kurz verrühren.

Deko: mit 1 Orangenzeste abspritzen und in das Glas geben.

Apotheke

2 cl Punt e Mes
2 cl Fernet Branca
1 cl Crème de Menthe (grün)
1 dash Angostura

Rührglas mit Eiswürfeln.
In das Glas abseihen.

Lechthaler's Apotheke
(siehe Abbildung)

5 cl Branca Menta
1 cl Fernet Branca
1 dash Angostura

Zubereitung wie Apotheke.

Dieser Drink kann auch im Glas auf crushed ice abgeseiht und serviert werden. In diesem Falle 1 Zweig frische Minze als Deko auf den Drink stecken und mit einem kurzen, dicken Trinkhalm servieren.

B 52

2 cl Kahlúa
2 cl Bailey's Irish Cream (gekühlt)
2 cl Captain Morgan Rum 73 %

Die Zutaten nacheinander vorsichtig über einen Löffelrücken in das Glas gießen, so daß sie sich nicht vermischen und drei Farbschichten bestehen bleiben.

Dieser Drink kann angezündet und mit einem kurzen Trinkhalm getrunken werden.

Bacardi Cocktail

3 cl Zitronensaft, frisch gepreßt
1,5 cl Zuckersirup
5 cl Bacardi Rum (weiß)
1 dash Grenadinesirup

Shaker mit Eiswürfeln.
In das vorgekühlte Glas abseihen.

Batida Originale

3 cl Limettensaft, frisch gepreßt
20 g flüssiger Honig
6 cl Cachaça

Im Glas.
Zutaten gut miteinander verrühren, bis sich der Honig vollständig aufgelöst hat.
Eiswürfel zugeben.
Umrühren.

Deko: 1 Scheibe Limette in den Drink geben.

Batida de Coco

2 cl Kokosnußsirup
1 cl Sahne
6 cl Ananassaft
5 cl Cachaça

Shaker mit Eiswürfeln.
In das zu 1/3 mit crushed ice gefüllte Glas abseihen.
Trinkhalm.

Bellini

Pfirsichmark von reifen weißen Pfirsichen, durchpassiert
(1/2 Pfirsich pro Rezept)
Prosecco

Im Rührglas mit Eiswürfeln das Pfirsichmark und einen kleinen Schuß Prosecco verrühren. In das vorgekühlte Glas abseihen. Mit gekühltem Prosecco auffüllen. Einmal kurz umrühren.

Ev. 1 dash Zuckersirup unterrühren. Die hell-rosa Farbe bekommt der Bellini ausschließlich vom Pfirsich selber. Das Kerngehäuse dieses speziellen weißen Pfirsichs ist nämlich hell-rot.

Bloody Mary

14 cl Tomatensaft (von guter Qualität)
2 cl Zitronensaft, frisch gepreßt
5 cl Wodka
schwarzer Pfeffer aus der Mühle
Paprikapulver
Tabascosauce
Salz
Worcestershiresauce

Rührglas mit Eiswürfeln.
Würzen nach Geschmack.
In das vorgekühlte Glas abseihen.

Deko: 1 Gurkenscheibe auf den Glasrand stecken.
1 Stangensellerie (zum Mitessen) dazureichen.

Dieser Drink kann auch im Glas auf Eiswürfeln verrührt serviert werden.

Blue Champagne

0,5 cl Zitronensaft, frisch gepreßt
2 cl Blue Curaçao
2 cl Wodka
2 cl Roses Lime Juice
Champagner

Shaker mit Eiswürfeln (ohne Champagner). In das vorgekühlte Glas abseihen. Mit gekühltem Champagner auffüllen.

Deko: 1 Maraschinokirsche mit Stiel in das Glas geben.

Bronx Medium

4 cl Orangensaft
3 cl Gin
1 cl Vermouth Rosso
1 cl Vermouth Dry

Shaker mit Eiswürfeln.
In das vorgekühlte Glas abseihen.
Wird auch Bronx Perfect genannt.

Bronx Dry

Mit 2 cl Vermouth Dry (ohne Vermouth Rosso).
Zubereitung wie Bronx Medium.

Bronx Sweet

Mit 2 cl Vermouth Rosso (ohne Vermouth Dry).
Zubereitung wie Bronx Medium.

Caipirinha

1 reife Limette (ergibt 3 cl Saft)
2-3 Barlöffel weißer Rohrzucker
(oder evtl. 2 cl Rohrzuckersirup)
5-6 cl Cachaça

Im Glas.
Die Limette vom Blüten- bzw.
Stielansatz befreien.
Achteln.
Limettenachtel und Zucker in das Glas geben.
Mit einem Holzstößel gut zerdrücken.
Cachaça dazugießen.
Mit Eiswürfeln auffüllen.
Gut verrühren (von oben nach unten).

Caipirinha wird original mit Eiswürfeln serviert. Alternativ wird er häufig mit crushed ice aufgefüllt. In diesem Fall mit Trinkhalm servieren.

Sollte die Limette zu hart sein, diese mit der Hand auf der Arbeitsplatte weichdrücken.

Bitte beachten: wenn die Limettenschalen zu sehr zerdrückt werden, geben sie Bitterstoffe ab, die sich negativ auf den Drink auswirken.

Campari Shakerato

6 cl Campari

Shaker mit Eiswürfeln.
In das vorgekühlte Glas abseihen.

Deko: mit 1 Orangenzeste abspritzen und diese evtl. in das Glas geben.

Campari Orange

5 cl Campari im Glas mit Eiswürfeln.
Frisch gepreßter Orangensaft.

Campari mit Orangensaft auffüllen.
Kurz umrühren.

Deko: 1/2 Orangenscheibe in den Drink geben.

Caruso

3 cl Gin
3 cl Vermouth Dry
3 cl Crème de Menthe (grün)

Shaker mit Eiswürfeln.
In das vorgekühlte Glas abseihen.

Ich bevorzuge ihn mit nur
2 cl Crème de Menthe grün.

Champagner Cocktail

1 Würfelzucker
1 dash Angostura
Champagner

Im vorgekühlten Glas.
Würfelzucker mit Angostura tränken.
Mit gekühltem Champagner auffüllen.

Deko: mit 1 Zitronenzeste abspritzen und diese in das Glas geben.

Clover Club

3 cl Zitronensaft, frisch gepreßt
1 cl Zuckersirup
5 cl Gin
3 dashes Eiweiß
1 dash Grenadinesirup

Shaker mit Eiswürfeln.
In das vorgekühlte Glas abseihen.

Dieser Drink ist auch unter dem Namen **Pink Lady** bekannt.

Cuba Libre

6 cl weißer Rum
1/4 Limette
Coca Cola

Im Glas mit Eiswürfeln.
Rum dazugeben.
Mit Coca Cola auffüllen.
1/4 Limette darüber auspressen und in das Glas geben.
Kurz verrühren.

Daiquiri - Frozen

2 cl Limettensaft, frisch gepreßt
1 cl Rohrzuckersirup
6 cl weißer Rum
1 dash Maraschino (Likör)

Im Mixer mit crushed ice (die Menge einer Cocktailschale) etwas länger auf Höchststufe durchmixen.
In das vorgekühlte Frozen-Glas geben.
Trinkhalm.

Deko: 1 Maraschinokirsche ohne Stiel.

Daiquiri

3 cl Limettensaft, frisch gepreßt
1,5 cl Rohrzuckersirup
5 cl weißer Rum

Shaker mit Eiswürfeln.
In das vorgekühlte Glas abseihen.

French 75

2 cl Zitronensaft, frisch gepreßt
2 cl Gin
1 cl Zuckersirup
Champagner

Shaker mit Eiswürfeln (ohne Champagner).
In das vorgekühlte Glas abseihen.
Mit gekühltem Champagner auffüllen.
Einmal vorsichtig umrühren.

Galliano Hot Shot

2 cl Galliano
2 cl heißer, schwarzer Kaffee
1 cl Sahne

Die Zutaten nacheinander vorsichtig über einen Löffelrücken in das Glas gießen (floaten), so daß sie sich nicht vermischen und drei Farbschichten bestehen bleiben.
In einem Zug austrinken (kippen).

Gimlet

5 cl Gin
4 cl Roses Lime Juice

Shaker mit Eiswürfeln.
In das vorgekühlte Glas abseihen.

Dieser Drink kann auch im Rührglas zubereitet und mit oder ohne Eis serviert werden.

Lechthaler's Gimlet

3 dashes Limettensaft, frisch gepreßt (= 0,5 cl) dazugeben.

Zubereitung wie Gimlet.

Empfehlenswert sind auch der Wodka- oder der Brandy Gimlet (statt Gin).

Gin Fizz

3 cl Zitronensaft, frisch gepreßt
1,5 cl Zuckersirup
5 cl Gin
1 Schuß Sodawasser

Shaker mit Eiswürfeln (ohne Soda).
In das zu 1/3 mit Eiswürfeln gefüllte Glas abseihen.
Sodawasser dazugießen.
Trinkhalm.

Deko: 1 Zitronenscheibe auf den Glasrand stecken.

Golden Dream

3 cl Orangensaft
3 cl Sahne
2 cl Curaçao Triple Sec
1 cl Galliano

Shaker mit Eiswürfeln.
In das vorgekühlte Glas abseihen.

Golden Cadillac

3 cl Orangensaft
3 cl Sahne
2 cl Crème de Bananes
1 cl Galliano

Zubereitung wie Golden Dream.

Grasshopper

3 cl Sahne
3 cl Crème de Cacao (weiß)
3 cl Crème de Menthe (grün)

Shaker mit Eiswürfeln.
In das vorgekühlte Glas abseihen.

Harvey Wallbanger

12 cl Orangensaft, frisch gepreßt
5 cl Wodka
1,5 cl Galliano

Im Glas auf Eiswürfeln.
Die Zutaten der Reihe nach in das Glas gießen.
Kurz verrühren.
Evtl. mit Trinkhalm servieren.

Deko: 1 Orangenachtel in das Glas geben.

Screwdriver

Wodka mit Orangensaft (mit Eiswürfeln)

Horse's Neck

5 cl Bourbon Whiskey
1 dash Angostura
Ginger Ale

Im Glas auf Eiswürfeln.
Kurz verrühren.

Deko: 1 Zitronenspirale in das Glas geben.

Sehr erfrischend schmeckt der Drink mit Whisky und Ginger Ale (mit Zitronenspirale, aber ohne Angostura).

Irish Coffee

4 cl Irish Whiskey
2-3 Kaffeelöffel brauner Zucker
1 Tasse starker heißer Kaffee
leicht angeschlagene Sahne (gekühlt)

Im speziellen Irish Coffee Glas.
Whiskey erhitzen (nicht kochen).
Zucker dazugeben.
Mit heißem Kaffee auffüllen.
Solange verrühren, bis sich der Zucker aufgelöst hat.
Die Sahne vorsichtig über einen Löffelrücken gießen, so daß sie sich nicht mit dem Kaffee vermischt.

Kir Royal

1 Barlöffel Crème de Cassis (Likör)
Champagner

Crème de Cassis im vorgekühlten Glas mit gekühltem Champagner auffüllen. Einmal vorsichtig von oben nach unten umrühren.

Kir

1 Barlöffel Crème de Cassis

Mit gekühltem, trockenem Weißwein auffüllen. Im Glas einmal kurz umrühren.

Mai Tai

3 cl Limettensaft, frisch gepreßt
2 cl Mandelsirup
3 cl weißer Rum
3 cl Myers's Rum
1 cl Curaçao Triple Sec
1 cl Captain Morgan Rum 42 %

Shaker mit Eiswürfeln.
In das zu 1/3 mit crushed ice gefüllte Glas abseihen.
Trinkhalm.

Deko: 1 Limettenviertel über dem Drink auspressen
und in das Glas geben.
1 Zweig frische Minze aufstecken.
1 Maraschinokirsche mit Stiel auf den Drink legen.

Manhattan Sweet

4 cl Canadian/Rye Whisky
2 cl Vermouth Martini Rosso
1 dash Angostura

Rührglas mit Eiswürfeln.
In das vorgekühlte Glas abseihen.

Deko: 1 Maraschinokirsche mit Stiel in das Glas geben.

Kann auch „on the rocks“ serviert werden.

Manhattan Dry

4 cl Canadian/Rye Whisky
2 cl Vermouth Extra Dry

Zubereitung wie Manhattan Sweet.

Deko: mit 1 Zitronenzeste abspritzen und diese evtl. in das Glas geben.

Margarita

3 cl Limettensaft, frisch gepreßt
2 cl Curaçao Triple Sec
5 cl Tequila (weiß)

Im Blender mit crushed ice (etwas länger laufen lassen). In das vorgekühlte Glas abseihen.

Deko: feiner Salzrand.

Frozen Margarita

3 cl Limettensaft, frisch gepreßt
2 cl Curaçao Triple Sec
6 cl Tequila (weiß)
1 Prise Salz

Im Mixer mit crushed ice (die Menge der Cocktailschale) länger auf Höchststufe durchmixen. In das vorgekühlte Frozen Glas geben. Trinkhalm.

Dieser Drink wird ohne Salzrand serviert. Daher eine Prise Salz beim Mixen zugeben.

Martini Dry Cocktail

5 cl Gin (gekühlt)
1 cl Vermouth Extra Dry

Rührglas mit Eiswürfeln.
In das vorgekühlte Glas abseihen.

Deko: 1 große grüne Olive (mit Stein) in den Drink geben.

Evtl. kann der Martini Dry Cocktail auch mit einem Zitronentwist (= Zitronenzeste, kleines Stück Zitronenschale) abgespritzt und in das Glas gegossen werden.
Niemals gefüllte Oliven verwenden.
Nur Oliven verwenden, die in einer Salzlake (nicht in Öl) mariniert sind.

Martini Extra Dry (Very Dry)

Zubereitung wie Martini Dry Cocktail.
Statt 1 cl Vermouth Extra Dry nur 1 dash dazugeben, dafür aber 6 cl Gin verwenden.

Mint Julep Bourbon (Southern Style)

6-8 frische Minzeblätter (zerkleinert)
2 Würfelzucker
5 cl Bourbon Whiskey
Sodawasser

Im Glas.
Minzeblätter und Würfelzucker in das Glas geben.
Bourbon dazugießen.
Mit einem Stößel zerdrücken.
Mit crushed ice auffüllen und einen Schuß Sodawasser dazugießen.
Von oben nach unten gut verrühren.
Trinkhalm.

Deko: 1 Minzezweig auf den Drink stecken.

Mojito

3 cl Limettensaft, frisch gepreßt
6-8 frische Minzeblätter
1,5 cl Rohrzuckersirup
6 cl weißer Rum
1 Schuß Sodawasser

Im Glas.
Limettensaft, Minzeblätter und Zuckersirup hineingeben.
Mit dem Stößel die Minzeblätter etwas zerdrücken.
Rum dazugießen.
Das Glas mit Eiswürfeln auffüllen.
Mit einem Schuß Soda abspritzen.
Kurz von oben nach unten verrühren.
Trinkhalm.

Deko: 1 Zweig frische Minze auf den Drink stecken.

Negroni

2 cl Campari
2 cl Vermouth Rosso
2 cl Gin

Im Glas mit Eiswürfeln.
Kurz verrühren.

Deko: mit 1 Zitronen- und 1 Orangenzeste abspritzen und diese in das Glas geben.

Kann auf Wunsch mit einem Schuß Sodawasser aufgefüllt werden.

Cardinal

Vermouth Dry anstatt Vermouth Rosso verwenden.
Zutaten, Zubereitung und Deko wie Negroni.

Old Fashioned Bourbon

1 Würfelzucker
1 dash Angostura
5 cl Bourbon Whiskey
1 kleiner Schuß Soda

Im Glas.
Würfelzucker mit Angostura tränken.
Mit einem Stößel zerdrücken.
Bourbon dazugießen.
3-4 Eiswürfel hineingeben.
1 kleinen Schuß Sodawasser dazugeben.
Verrühren.

Deko: 1/2 Orangenscheibe,
1/2 Zitronenscheibe und
1 Maraschinokirsche mit Stiel in das Glas geben.

Pimm's No. 1

5 cl Pimm's
mit Seven up auffüllen.

Im Glas mit Eiswürfeln (spezielles Pimm's Glas).
Trinkhalm.

Deko: 1 Zitronenschale und
1 Gurkenschale in das Glas geben,
1 Zweig frische Minze und
1 Maraschinokirsche auf den Drink geben.

Pimm's Rangoon

Mit Ginger Ale statt mit Seven up auffüllen.

Pimm's Royal

Mit Champagner auffüllen.

Piña Colada

12 cl Ananassaft
3 cl Kokosnußsirup
6 cl weißer Rum

Shaker mit Eiswürfeln.
In das zu 1/3 mit crushed ice gefüllte Glas abseihen.
Trinkhalm.

Deko: 1/8 Scheibe frische Ananas
auf den Glasrand stecken,
1 Maraschinokirsche mit Stiel auf den Drink legen.

Dieser Drink kann auch im Blender mit etwas
crushed ice zubereitet werden.

Lechthaler's Piña Colada

12 cl Ananassaft
3 cl Kokosnußsirup
2 cl Sahne
3 cl weißer Rum
3 cl Myers's Rum

Zubereitung und Deko wie Piña Colada.

Pisco Sour

3 cl Limettensaft, frisch gepreßt
1 cl Rohrzuckersirup
5 cl Pisco
3 dashes Eiweiß

Shaker mit Eiswürfeln.
In das vorgekühlte Glas abseihen.

Deko: 1 Prise Zimt auf den Drink geben.

Planter's Punch

2 cl Limettensaft, frisch gepreßt
1 cl Grenadinesirup, 8 cl Orangensaft
5 cl brauner Rum

Shaker mit Eiswürfeln.
In das zu 1/3 mit Eiswürfeln gefüllte Glas abseihen.
Trinkhalm.

Deko: 1 Prise Muskat über den Drink reiben,
1/2 Orangenscheibe und
1 Maraschinokirsche mit Stiel auf den Drink legen.

Lechthaler's Planter's Punch

(siehe Abbildung)

1 cl Zitronensaft, frisch gepreßt
4 cl Orangensaft, 8 cl Ananassaft
0,5 cl Grenadinesirup
je 3 cl weißer Rum und Myers's Rum

Zubereitung wie Planter's Punch.

Deko: 1/8 Scheibe Ananas zusätzlich.

Porto Flip

1 frisches Eigelb
2 cl Zuckersirup
5 cl Portwein (Ruby)

Im Mixer mit zwei Eiswürfeln gut durchmixen.
In das vorgekühlte Glas gießen.

Deko: 1 Prise Muskatnuß über den Drink reiben.

Likör Flips

1 frisches Eigelb
4 cl Crème de Cacao oder Banane usw.
2 cl Sahne

Zubereitung wie Porto Flip.

Prince of Wales

1 Würfelzucker
1 dash Angostura
1 cl Cognac
1 cl Curaçao Triple Sec
Champagner

Im Glas mit Eiswürfeln.
Würfelzucker mit Angostura tränken und in das Glas geben.
Cognac und Triple Sec darübergießen.
Mit Champagner vorsichtig auffüllen.
Einmal vorsichtig von oben nach unten umrühren.

Deko: 1 Maraschinokirsche,
1/2 Orangenscheibe und
1/2 Zitronenscheibe in das Glas geben.

Nach Originalrezept wird der Drink im Silberbecher mit Eiswürfeln serviert.

Rusty Nail

4 cl Scotch Whisky
2 cl Drambuie

Im Glas mit Eiswürfeln.
Verrühren.

Deko: 1 Maraschinokirsche mit Stiel in das Glas geben.

Sidecar

3 cl Zitronensaft, frisch gepreßt
3 cl Curaçao Triple Sec
3 cl Brandy

Shaker mit Eiswürfeln.
In das vorgekühlte Glas abseihen.

Singapore Sling

1 cl Limettensaft, frisch gepreßt
12 cl Ananassaft
5 cl Gin
2 cl Kirschlikör (Cherry Heering)
1 dash Angostura
1 dash Benedictine
0,5 cl Grenadinesirup

Shaker mit Eiswürfeln.
In das zu 1/3 mit Eiswürfeln gefüllte Glas abseihen.
Trinkhalm.

Deko: 1 Zweig frische Minze auf den Drink geben.
1 Scheibe Limette auf den Glasrand stecken.

Original-Rezept aus dem Raffles Hotel Singapore.

Stinger Brandy

4 cl Brandy
2 cl Crème de Menthe (weiß)

Rührglas mit Eiswürfeln.
In das vorgekühlte Glas abseihen.

Dieser Drink kann auch im Glas auf Eiswürfeln oder crushed ice verrührt und serviert werden.
Bei crushed ice einen Trinkhalm hineingeben.

Strawberry Colada

12 cl Ananassaft
2 cl Kokosnußsirup
1 cl Sahne
1 cl Erdbeersirup
6 cl weißer Rum
4 Barlöffel frisches Erdbeermus
(ca. 3 mittelgroße Erdbeeren)

Shaker mit Eiswürfeln.
In das zu 1/3 mit crushed ice gefüllte Glas abseihen.
Trinkhalm.

Deko: 1 Erdbeere auf den Glasrand stecken.

Dieser Drink kann auch im Blender mit etwas crushed ice zubereitet werden.

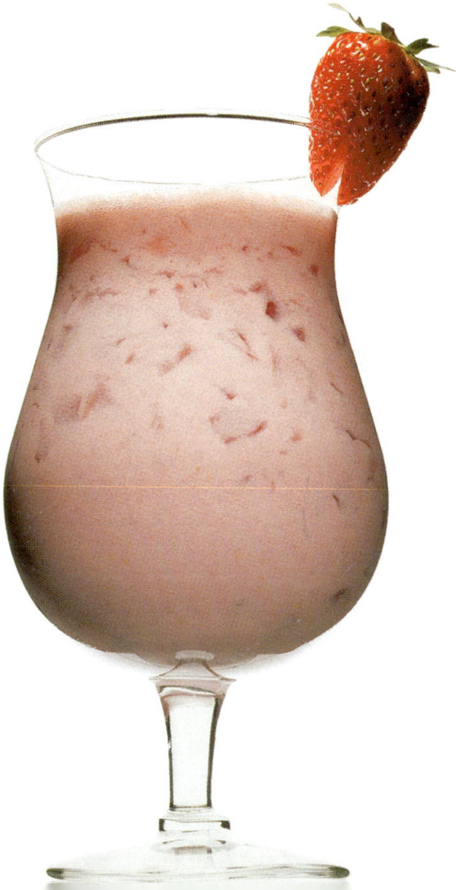

Strawberry Margarita Frozen

2 cl Limettensaft, frisch gepreßt
1 cl Curaçao Triple Sec
1 cl Erdbeersirup
6 cl Tequila (weiß)
5 Barlöffel frisches Erdbeermus
(ca. 3 mittelgroße Erdbeeren)
1 Prise Salz

Im Mixer mit crushed ice
(die Menge einer Cocktailschale)
etwas länger auf Höchststufe durchmixen.
In das vorgekühlte Frozen-Glas geben.
Trinkhalm.

Swimming Pool

12 cl Ananassaft
3 cl Kokosnußsirup
2 cl Sahne
5 cl Wodka
1 cl Curaçao Blue

Shaker mit Eiswürfeln (ohne Curaçao Blue). In das zu 1/3 mit crushed ice gefüllte Glas abseihen. Curaçao Blue zum Schluß darübergießen. Trinkhalm.

Deko: 1/8 Scheibe frische Ananas auf den Glasrand stecken.

Tequila Sunrise

12 cl Orangensaft
6 cl Tequila (weiß)
1 cl Grenadinesirup

Shaker mit Eiswürfeln (ohne Grenadinesirup). In das zu 1/3 mit crushed ice gefüllte Glas abseihen. Den Grenadinesirup zum Schluß über den Drink gießen. Trinkhalm.

Deko: 1 Limettenviertel über dem Drink auspressen und in das Glas geben.

Tom Collins

3 cl Zitronensaft, frisch gepreßt
1,5 cl Zuckersirup
5 cl Gin
Sodawasser

Im Glas mit Eiswürfeln.
Die Zutaten (ohne Sodawasser) der Reihe nach in das Glas gießen.
Mit Sodawasser auffüllen.
Kurz verrühren (von oben nach unten).
Trinkhalm.

Deko: 1 Zitronenscheibe und
2 Maraschinokirschen in das Glas geben.

Joe Collins

Wodka statt Gin

Tropical Champagne

0,5 cl Zitronensaft, frisch gepreßt
0,5 cl Maracujasirup
2 cl Orangensaft
2 cl brauner Rum
Champagner

Shaker mit Eiswürfeln (ohne Champagner).
In das vorgekühlte Glas abseihen.
Mit gekühltem Champagner auffüllen.

Deko: 1 Maraschinokirsche ohne Stiel.

Lechthaler's Tropical

1,5 cl Zitronensaft, frisch gepreßt
3 cl Maracujasaft,
1,5 cl Maracujasirup
3 cl weißer Rum
Champagner

Zubereitung und Deko wie Tropical Champagne.

Whiskey Sour Bourbon

3 cl Zitronensaft, frisch gepreßt
1,5 cl Zuckersirup
5 cl Bourbon Whiskey

Shaker mit Eiswürfeln.
In das mit zwei Eiswürfeln gefüllte Glas abseihen.

Deko: 1/2 Orangenscheibe und
1 Maraschinokirsche mit Stiel in das Glas geben.

Dieser Drink kann auch in das vorgekühlte Glas abgeseiht und somit ohne Eis serviert werden. Hierbei als Deko 1 Maraschinokirsche am Stick über den Drink legen.

Whisky Sour Rye Canadian

Canadian Whisky statt Bourbon verwenden.
Ohne Eis im vorgekühlten Glas servieren.

White Lady

3 cl Zitronensaft, frisch gepreßt
3 cl Gin
3 cl Cointreau

Shaker mit Eiswürfeln.
In das vorgekühlte Glas abseihen.

Deko: 1 Maraschinokirsche ohne Stiel in das Glas geben.

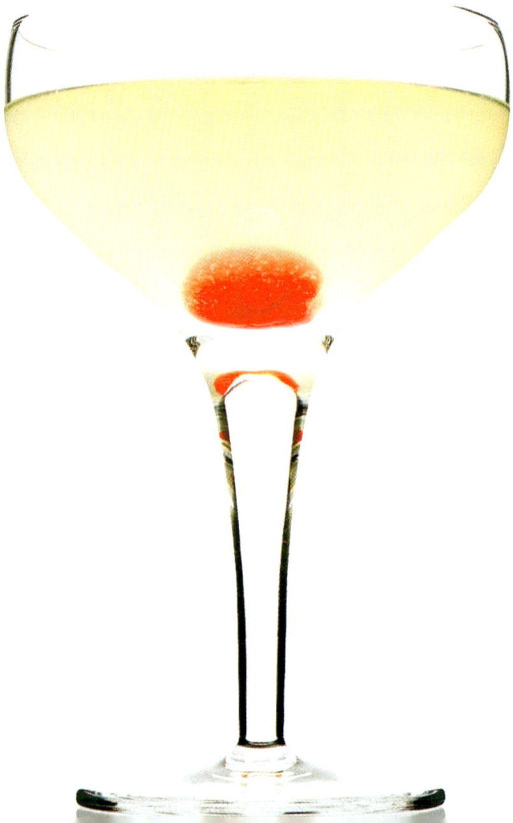

White Russian

3 cl Wodka
3 cl Kahlúa
3 cl Sahne

Wodka und Kahlúa im Rührglas auf Eiswürfeln verrühren.
In das vorgekühlte Glas abseihen.
Die leicht angeschlagene Sahne vorsichtig über einen Löffelrücken in das Glas gießen, so daß die Schichten sich nicht vermischen.

Black Russian

4 cl Wodka
2 cl Kahlúa

Im Glas auf Eiswürfeln.
Kurz verrühren.

Zombie

1 cl Zitronensaft, frisch gepreßt
0,5 cl Grenadinesirup
4 cl Orangensaft
4 cl Ananassaft
3 cl weißer Rum
3 cl Myers's Rum
2 cl hochprozentiger Rum (73 %)
2 cl Cherry Heering (Kirschlikör)

Shaker mit Eiswürfeln.
In das zu 1/3 mit crushed ice gefüllte Glas abseihen.
Trinkhalm.

Deko: 1 Limettenviertel über dem Drink auspressen und in das Glas geben. Dazu 1 Orangenscheibe und 1 Maraschinokirsche auf den Drink legen.

LebensArt – die Buchreihe für Genießer

ESPRESSO
von Karl Petzke und Sara Slavin.
Eine Hommage an das köstlich-bittere Elixier: Rezepte, Geschichten, Zitate.
Ca. 50 Farb- und S/W-Fotos, 96 Seiten.
ISBN 3-7750-0273-1

TEE
von Karl Petzke und Sara Slavin.
Die Faszination der guten Tasse Tee!
Teekultur und Rezepte international.
Ca. 50 Farb- und S/W-Fotos, 96 Seiten.
ISBN 3-7750-0318-5

CHAMPAGNER – und die Kunst ihn zu genießen
von Karl Petzke und Sara Slavin.
Champagner, Prosecco, Crémant, Sekt & Co. Excellente Fotos. 96 Seiten.
ISBN 3-7750-0291-X

GRAPPA – Kultur und Lebensart
von Allan Bay und Susanna Blini.
Originale, Marken, Brenn-Geheimnisse, Zitate und exquisite Rezepte, fotografiert von A. Pudenz. 96 Seiten.
ISBN 3-7750-0317-7

RUM, DRINKS & HAVANAS
Cuba Classics
von E. Lechthaler. Fotos A. Pretsch.
Kalte Drinks, heiße Rhythmen, berühmte Bars, karibische Lebenslust, 96 Seiten.
ISBN 3-7750-0304-5

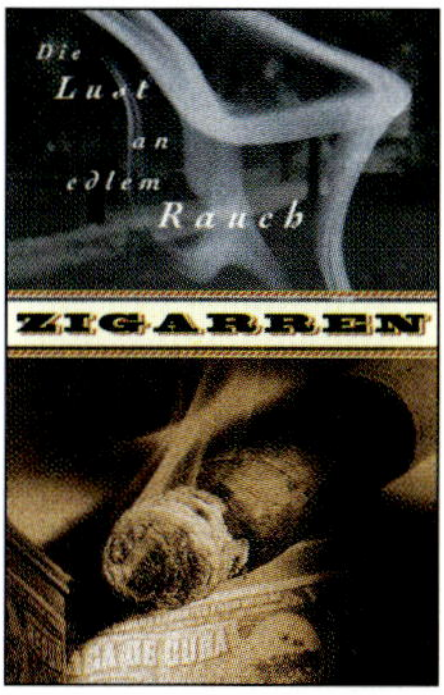

ZIGARREN – die Lust an edlem Rauch
von T. Caspari, S. Krieger, K. Trommer.
Mythos und Ritual. Amüsantes und Informatives. Ein Bilder- und Lesebuch für Aficionados und die es werden wollen.
ISBN 3-7750-0306-1

Weitere Fachbücher für die Bar:

COGNAC
von Gert v. Paczensky.
4. aktualisierte Neuauflage.
Das Standardwerk mit 224 Seiten, über 250 Fotos und Etiketten.
ISBN 3-7750-0275-8

CHAMPAGNER
von Gert v. Paczensky.
Erweiterte und aktualisierte Neuausgabe.
Marken, Märkte und Adressen. 260 Seiten, ca. 350 Fotos und Etiketten.
ISBN 3-7750-0280-4

WHISKY
von Michael Jackson.
Die Whisk(e)ys der Welt. Bildband, Fachbuch, Nachschlagewerk.
240 Seiten, über 200 Farbfotos.
ISBN 3-7750-0180-8

MALT WHISKY GUIDE
von Walter Schobert.
Erweiterte, aktualisierte Neuausgabe: Alle Malts von A bis Z. (Reise-) Führer zu den Quellen. 184 Seiten, rund 180 Fotos.
ISBN 3-7750-0221-0

DRINKS VITALE – Alkoholfrei genießen
von Ernst Lechthaler.
Köstliche Kreationen mit Früchten, Gemüse, Milch und Mineralwasser.
130 Farbfotos von Ansgar Pudenz.
Texte von Hanjo Seißler. 120 Seiten.
ISBN 3-7750-0240-5

Hädecke Bücher gibt es im Buchhandel, ausführliche Informationen beim
HÄDECKE VERLAG D-71256 WEIL DER STADT